예수님의 꿈아이

예꿈

③ · ④

KB199797

교회학교용

차 례

낮과 밤을 주셔서 감사해요

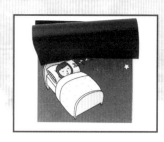

밤 활동 그림에는 검정색, 낮 활동 그림에는 노란색 색종이를 붙이고
들추어 보며 이야기를 나누세요.

땅과 물 그리고 식물을 주셔서 감사해요

수박씨를 그려 보세요.

물고기와 새와 동물들을
주셔서 감사해요

그림을 잘라 길게 이어 붙이고 창조 깃발을 만드세요.

우리를 만드셔서 감사해요

다양한 재료를 사용하여 나를 꾸며 보세요.

하나님의 가족이 자라 가요

3-5 세계 곳곳에 사람 모양의 스티커나 사진, 잡지 그림을 오려 붙이세요.

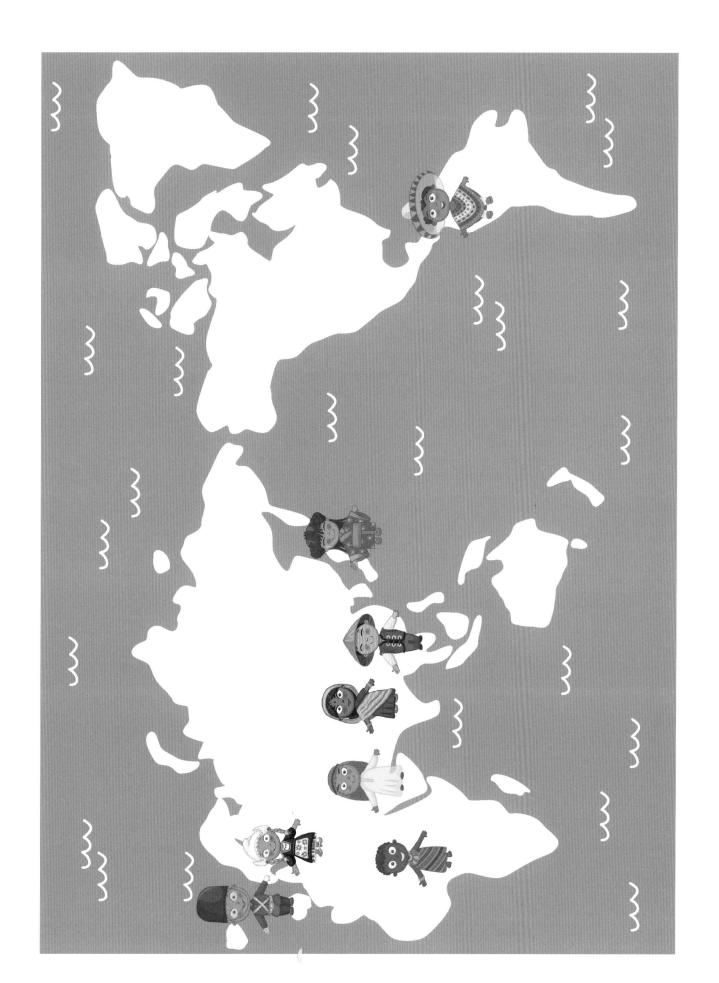

하나님 가족은 이렇게 살아요

사람들에게 무엇이 필요한지 이야기를 나누고
필요한 물건 스티커를 붙이세요.

하나님의 일을 해요

빈 부분에 맞는 모양의 스티커를 찾아 붙이세요.

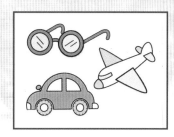

서로 돌보아 주어요

3 -8

이 옷이 필요한 사람을 생각해 보고 멋지게 꾸며 보세요.

서로 돌보아 주어요

이 옷이 필요한 사람을 생각해 보고 멋지게 꾸며 보세요.

15

하나님께 순종한 다니엘과 친구들

선대로 접어서 오린 후 다니엘의 친구들 얼굴을 그려 보세요.

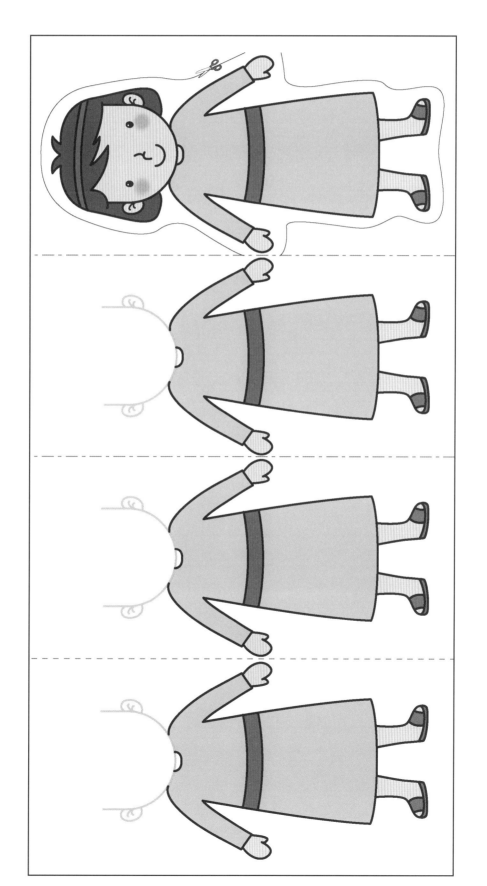

다니엘의 친구들과 불타는 불구덩이

불꽃 모양을 오려 종이컵에 붙이고, 천사 그림에 막대를 붙인 뒤, 종이컵에 끼우세요.

다니엘과 느부갓네살 왕

선대로 오리고 접은 뒤 위쪽과 옆쪽을 붙여 벙어리장갑을 만드세요.
둥근 선은 접은 뒤 자르면 편리합니다.

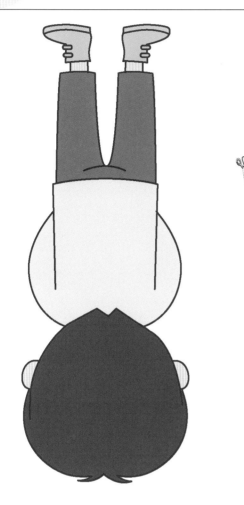

풀칠

풀 칠

풀 칠

붙침

다니엘과 사자 굴

다양한 종이를 길게 찢어 사자 갈기처럼 붙이세요.
선대로 접었다 펴며 사자 울음소리를 흉내 냅니다.

예수님은 베드로를 부르셨어요

4.-1

칼로 팔 부분을 오리고 원통을 만든 후 예수님과 베드로의 손을 붙이세요.

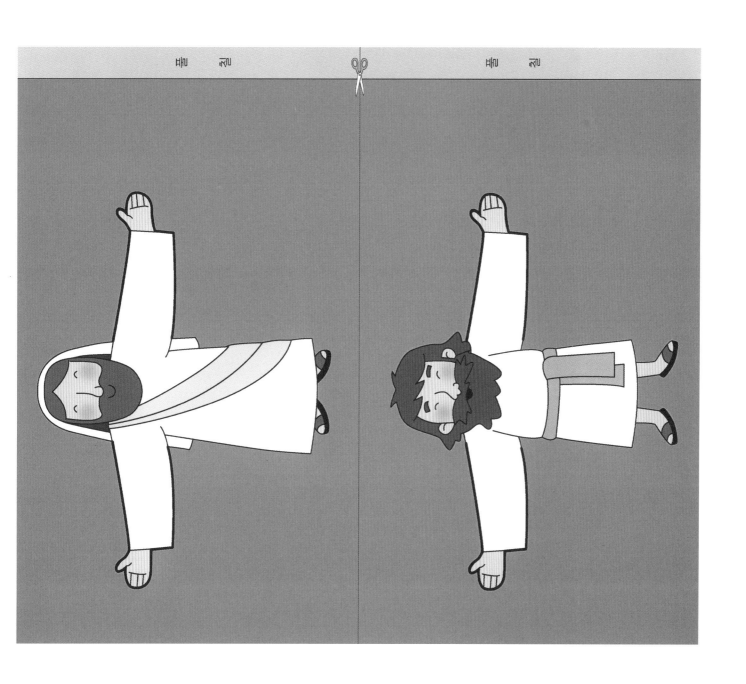

붙임 칼집   ✂   붙임 칼집

예수님은 베드로를 부르셨어요

칼로 팔 부분을 오리고 원통을 만든 후 예수님과 베드로의 손을 붙이세요.

예수님은 마태를 부르셨어요

금은보화 스티커를 돈 통에 붙이고 선대로 접었다 펴며 이야기를 나누세요.

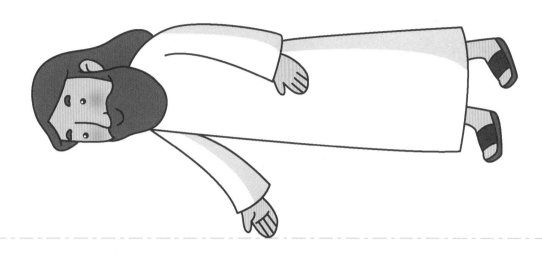

예수님은 삭개오를 부르셨어요

나무에 칼집을 넣고 휴지 속심을 끼우세요.
예수님과 삭개오 끈 인형을 나무에 붙인 뒤 이야기를 나눠 보세요.

예수님은 바울을 부르셨어요

나무젓가락을 붙여 부채를 만들고 변화된 바울의 가슴에 하트 스티커를 붙이세요.

베드로와 예수님

바다에 물고기 스티커를 붙이고 물에 빠진 베드로를 구해 주시는
예수님을 표현해 보세요.

예수님을 모른다고 한 베드로

빨대를 붙여 부채를 만드세요. 예수님을 모른다고 한 베드로의 입에 스티커를 붙이고, 뒷면으로 돌려 "잘못했어요. 예수님. 사랑해요 예수님"이라고 말해 보세요.

몰라요~몰라!

베드로를 사랑하신 예수님

나무젓가락 위에 그림을 붙여 꼬치를 만드세요.

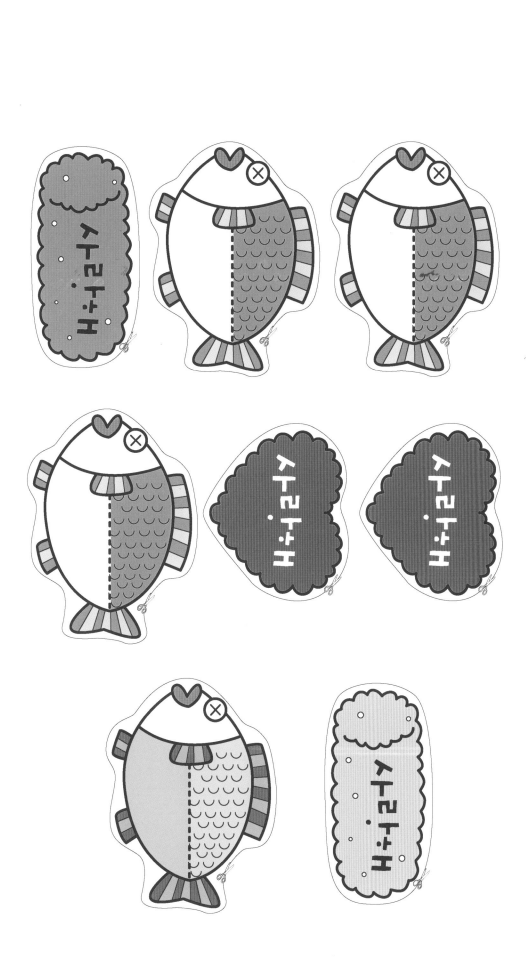

감옥에 갇힌 베드로

겹쳐 붙여 책을 만들고 책장을 넘기며 이야기해 보세요.

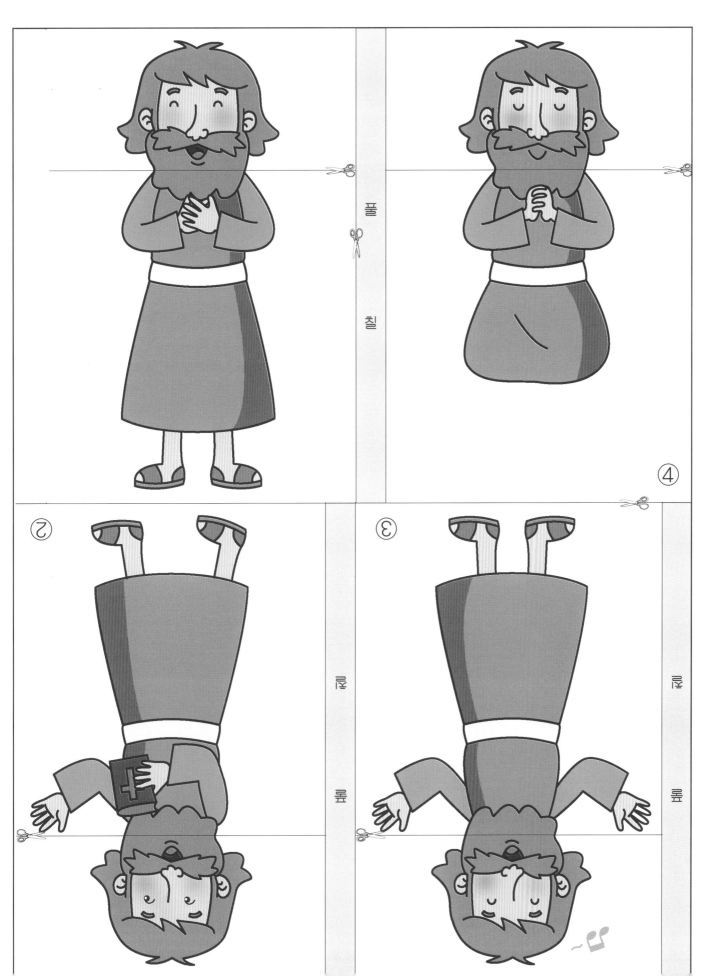

풀 칠

붙
롤

붙
롤

①

②

③

④

마리아와 아기 예수님

선이 보이게 오리고 스티커나 스팽글로 멋진 천사 날개를 꾸미세요.
끈을 달아 목이나 어깨에 걸고 천사가 되어 기쁜 소식을 전해 보세요.

목자들과 아기 예수님

4 -10 솜이나 화장지를 붙여 양을 꾸미고 삼각 달력 모양으로 접어 세운 뒤
끈을 달고 돌보는 놀이를 해 보세요.

풀   칠

동방박사와 아기 예수님

예쁘게 색칠하고 선대로 접었다 펴며 선물을 열어 보세요.
"나는 예수님이 보내신 선물이에요."

나는 예수님 의 선물

나는 예수님 의 선물

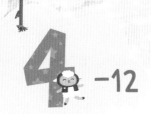

나는 예수님과 매일 만날거예요~

기도하며 만날래요

말씀보며 만날래요

사랑하며 만날래요

찬양하며 만날래요

생활예배 하며 만날래요

주일예배 하며 만날래요

도와주며 만날래요

예꿈 3·4 (1~3세) 교회학교용

초판발행 | 2015. 9. 21
6쇄 발행 | 2024. 5. 23
등록번호 | 제1988-000080호
등 록 처 | 서울시 용산구 서빙고로 65길 38
발 행 처 | (사)두란노서원
영 업 부 | 2078-3333
출 판 부 | 2078-3331
978-89-531-2364-9 (04230)

연구위원 | 김정순, 김윤미, 박길나, 이은연, 이은정, 이향순, 표순옥, 홍선아, 한인숙
디자인 | 한자영
일러스트 | 박현주
표지 소품 | 박민정
사진 | 한치문

3-5과

3-6과

3-7과

3-8과

4-2과

4-4과

4-5과

4-6과

4-9과

4-12과 월 화 수 목 금 토 일